Consertando caminho e alma

Poems

Consertando caminho e alma

Poems

Gift ForaineAmukoyo

Translator: luan vitor

Publicado por

© Gift ForaineAmukoyo

Primeira Edição em 2018

Todos os Direitos Reservados

Primeira Impressão, outubro de 2018

Dedicatória

Para as pessoas que procuram o valor de si mesmas

Fases em Lugares

Em todos esses lugares, tais lugares
Em que eu gostaria de nunca ter passado por essas fases
Sinto tanta falta daquelas faces
Aquelas faces naqueles lugares
Perturbações desbotadas em todas as fachadas

Traga de volta aquelas falhas, aquelas que caem
Eu as sentiria sem hesitar
Empilhe-as ordenadamente, sem omissão, sem retrocesso
Queime-as com o calor no meu coração
Forjar; Eu não vou fazer uma exceção

Está em você; está em mim
O tempo registrou nossos papéis
Eu apenas suplico essas fases
Se eu tiver de viajar por túneis do tempo
Canalizando as gotas do destino
Partindo em vastas planícies
Todos nós devemos triangular essas fases
Para assim nunca repetir essas faces

Eu espio um vislumbre dessas fases fugazes
Como uma lanterna enfraquecida pelos drenos da bateria
Nunca para contemplar aqueles rostos naqueles lugares
As fotos não contavam mentiras nos tempos de outrora
Imagens distantes e próximas agora professam bilhões de falsidades

Rostos verdadeiros, a natureza não mente
Rostos, eu os vejo no meu coração
Vocês me destacam em seus álbuns diários?
As fases permanecem paradas para que eu possa relembrar daquelas

faces
Deixe-me romantizar a ritidoplastia em mil segundos

Minhas paredes deixaram de ser minhas
Minhas cores não são mais a minha escolha, eu não teria chance
Os rostos têm respingos de tinta no meu reflexo
Você pinta meu amor todo lindo e ousado
E em todas aquelas fases com aquelas faces

Eu me envolvi e bati em gostos e desgostos
Defina mais ritmos de sucesso, eu combinarei com seus ritmos
Desejo-lhe fases bem-sucedidas, rogo-lhe a velocidade divina
Sinto saudade, faces que ainda gostaria de poder olhar
Eu amo todos vocês, rostos, obrigado por aumentar meu ritmo

Felicidade da Minha Palma

Alimentam-se de minha mão, os frutos do meu campo
As pequenas mudas da minha palma laboriosa
Esse é o amor mais honesto que tenho para compartilhar
Espero que você se alimente de bom grado do meu suor

Não diga ao mundo que está estampado com
Tristeza e fome
Eu não dou da minha abundância
Mas do pouco do meu amor
Espero que você alegremente leve minha vivência

Foi-me dado um solo por amor
Não tenha medo de dar uma mordida neste solo de amor
Não tem nenhum tipo de dor
Não envenenei a colheita com minhas preocupações
Nem temperei as colheitas com as dores da minha mente
Somente com o amor do meu coração em que ofereci meu amor

Riquezas em Trapos

Reformar
Eu tenho que frustrar
Um formulário a preencher
Esse vácuo de plenitude
Vazio em abundância
De riquezas em trapos
Com prosperidade em poços
Contras cobertos em timidez
Com lata curvada de capacidade
De milho maravilhado com a semente
As galinhas amedrontadas pelo milho
A cobra repulsiva de seu veneno

O Arbusto da Esperança

Acaricie minha alma com seus espíritos impecáveis
Unja minha alma com suas lágrimas consagradas
Alise meu pescoço com seu bálsamo curativo
Abrace minha mente com as mãos cantarolantes
Arranhe meus pensamentos com juntas flutuantes
Abrace meu coração com palavras atraentes
Segure-me com punhos calmantes
Meu coração anseia por você
As batidas de meus ouvidos são idiotas para você
Meus olhos quebrados são cegos para você
Eles me levam por caminhos de nuvens uivantes
Meus pés tortos são aleijados para você
Eles me acompanham em solos traiçoeiros
Tolos são meus sentidos, eles se irritam contra você
Meu nariz entupiu de flechas sua respiração abastecedora
Minha língua seca, não prova sua maçã por dia
Mas todo o dia de noz física me enjoa com seu sabor
Eu detesto prescrições de pousio irresistíveis
Me dê suas suculentas assinaturas de ervas
Me esprema, me esprema; injete em minhas veias
Minha mente e coração, corpo e alma
Lutam por seu peito florido
Segure minhas mãos, pegue meu braço
Me amarre; anseio por sua fadiga fértil
Estou empolgada, assombrada por cascos de caça
Me proteja dos baques dizimadores
Os cães estão aos meus pés
Eles se apressam mais, batendo em meus joelhos
O som estridente espanando minha força
Seu suor gritante lava cada grama da minha vontade
Presas cavando fundo na minha carne

Ouça-me aqui
Meus pensamentos estão caídos em águas turvas
Minha determinação zomba do meu resgate
Meus sentidos distorcidos dormem em falta
Busco consolo neste arbusto de esperança
Deixe os espinhos picarem meus sentidos
Acorde-me; não deixe as flores caírem sobre mim
As rosas suaves de aroma doce me drogariam mais profundamente
no sono
E assim, na minha fraqueza, eu batalho com força
Minha luta nada perto da margem do rio
Antes de mergulhar completamente debaixo d'água
O sol brilha em sua solidariedade e me enriquece na luz
Meus pés batem na água calmante
Sua pureza fluida faz cócegas
A melodia de sua corrente nos meus pés

Tristeza

Tudo que eu preciso é de um chicote para aguentar essa tristeza
Tudo que eu preciso são sentimentos para acabar essa falta de destreza
De uma tristeza que chicoteia como uma flecha
Meus desejos estão acorrentados neste horror de luxúria
De sonhos e perdas fugazes
Com terror aguçado
Receio estar perdendo essa batalha

Fogo Cordial

Este é o ponto em que quebramos
E temos de seguir caminhos separados
Não estamos dizendo adeus, não
Escolhas foram feitas, o destino acena
Vamos cruzar caminhos
Apenas para nos separarmos mais uma vez
Nós nunca poderíamos novamente
Graça, nossa própria presença
Tais como os tempos projetados
Se, por coincidência, nossos caminhos se cruzarem
Temos as mãos dadas
Mas como os pés de um pássaro pastando nas águas
Na maioria dos dias, eu passo a compartilhar uma ideia com você
Olho para a direita, o espaço é vazio
Não é mais você sentado ao meu lado
É uma fragrância familiar, mas não íntima
Não é o seu facelift com sorrisos radiantes
Com as sobrancelhas vincadas, ponderando
E digerindo minha inovação
Quando você segue tudo isso é bobagem
Apenas para acalmar medos
E aliviar o humor tenso
Ainda posso ouvir sua risada selvagem
Tão melodiosa, reconfortante
Mais um bálsamo calmante
Sendo acesa à minha carne
Ondas espiralando de alívio
Todos esses, agora se foram com o vento
Retirados para um lugar em que nunca poderão ser recuperados
Estou sozinha, não tão sozinha
As marés pioraram, como um vislumbre

De cada um veio um tesouro
Então chegou um dia
Nós batemos palavras, palavras
Como martelos com os quais um golpe
Encaixa uma unha de cem polegadas na parede
Anseio por aqueles bons momentos juntos
Mas eles nunca poderão virar o relógio
Por fim, tivemos os contatos mais quentes
Um tempo para ter alegres lembranças
Era o último dia em que estaríamos no ritmo descontraído
Desejo a nós mesmos palavras de benevolência
Mesmo que nunca tivemos essas
Por qualquer motivo que seja
Agora não posso compreender
Nós fomos tão deslocados
Gostaria poder trazer aquilo de volta
Mas o que era, ainda é
Uma coisa que estou feliz
É pelos bons momentos superarem os maus

Dos quais eu mantenho ternamente em meu coração
Como uma rosa que me foi dada verdadeiramente
Eu sei que um dia
Em raras ocasiões
O sol brilhará enquanto a chuva cai
E a lua brincará com nossas estrelas

Por Favor, Diga

Que música estranha e familiar você gostaria que eu escrevesse?
Que letra de lamentação você gostaria que eu entendesse?
Que caminho torto você faria-me seguir em frente?
Patinando, o que não é propenso a iluminar uma rua escura
O manto da depressão e do desespero, uma ameaça vã

O relógio da incerteza sufoca o território da esperança
A sorte do sucesso cerra a segurança da maestria
O bloqueio da prosperidade a milhas do satisfatório
A paciência está prestes a entrar em colapso na fábrica de falhas
A virtude está se afogando, rastejando no santuário da indignidade

No caminho das lutas obstinadas
O caminho para o sucesso pode esculpir muitas estradas, de terras
A força chiou, sussurra na mandíbula cansada de esperanças
Dê os golpes, a trombeta da vitória está nos sinos
Cheirando pedras, rochas e blocos

Todos são obstruções líquidas
A boca reprime os gritos de aflição na calda
Sem sombra, sem reflexão, a visão ostenta um caminho desfocado
Mas um túnel brigando acena em toda a extensão
Com um coração corajoso, corredores da aura

E de todas as paredes, as tochas ardiam
A escada do sucesso não é resistente, mas com escadas defeituosas
Dê-me os códigos para a paciência, a virtude precisa disso
Passe-os nas chaves da sabedoria, a compreensão os anseia
Que música estranha e familiar você gostaria que eu escrevesse?

Em que rua escurecida iluminada você é ignorante

Você deve passar nos testes pela fronteira de pastos mais verdes
Você deve rogar os bilhetes para pegar os voos
Faça um rastejamento, ajoelhe-se
Leve um arco e telegrafe as alturas

Faça um elevador e bata os pés em prontidão
Respire, sempre respire e dê um passo,
Faça uma corrida; dê uma olhada, twite o quão longe foi
Até agora, tudo bem, não procure mais
Para a frente sempre, para trás nunca

Se seus pés lhe levarem muito devagar, pegue um voo
Voe alto, nas alturas, empreste as orelhas dos golfinhos
Vista as sombras das águias, carregue as asas das avestruzes
Tantas letras de lamentação nos cofres do sucesso
Que força das músicas você gostaria que eu cantasse?

Ruas iluminadas ou escuras orquestradas por interruptores
As nuvens devem dar lugar à
Lua, estrelas e chuvas, cinta
Aperte seu cinto de segurança em todo voo,
As nuvens não têm escolha
Quanto mais vigor de canções eu posso escrever?

Espiral do Silêncio

A mente é lançada; o coração está enrolado
 Somente a profundeza pode levar ao fundo

Eu descubro minha ferida; você cava uma vala
Somente a profundeza pode levar ao fundo

Eu choramingo dores em um silêncio abafado
Você lamenta alegria selvagem em desgosto
Somente a profundeza pode levar ao fundo

Eu estou mergulhando debaixo da água
Eu borbulho na asfixia afogada
 Somente a profundeza pode levar ao fundo

Eu intensifico meu discurso evaporado
Você joga pedrinhas nos meus balbucios por esporte
Somente a profundeza pode levar ao fundo

Soluço minhas lágrimas, você enxuga
O lenço no oceano e o pendura para secar
Somente a profundeza pode levar ao fundo

Eu tenho armadilhas nas minhas meias, buracos nos meus bolsos
 Você enche minha água em uma cesta
Somente a profundeza pode levar ao fundo

Eu propulso positivo
Você irrita negativo
Somente a profundeza pode levar ao fundo

Você não pode dar o que não possui

Você não pode aceitar o que não dá
Somente a profundeza pode levar ao fundo

As Marés Respiram?

No espaço de vinte e quatro horas
Vi que a vida era apenas vaidade sobre vaidade
A umidade tropical, um paraíso desleixado
Sua secura desesperada aperta o óleo
Fora do coco
E torna-se um eixo esbranquiçado
A água histórica desconhecida bebia em seu casulo quente
As comportas do vento arrasam espasmos de detritos
Olhando pela janela
Congelada por aqueles pés apressados

No espaço de cinco segundos
Eu sabia que essa vida era vaidade sobre vaidade
Figuras em movimento, fotografias
Black out, expire
Poeira ao pó, areia no molde

No espaço de um segundo
Risos que ecoavam como as mandíbulas do Éden se expiraram
Nesse mesmo segundo
Pés caóticos dançavam nos degraus da alegria
Arrastados por melancolia rugindo com risadas sinistras
Sobre os telhados de alegria, encalhado
Ofegando, um pedágio pesado varrendo seu refúgio

Abano e Fogo

Marcado sob o sol
Fora em seu calor sedento
Seu hálito faminto exala enxofre
Estrelado, eu olho para seu brilho cintilante

Marcado sob o sol
Atrevo-me a preparar seu caldeirão ardente
Eu tento afastar seu terror de iluminação
Estou entorpecido para travar sua fumaça cortante

A rosa radiante e ardente de Sharon
Brilha, queimando minha pele
Embora eu não possa protegê-lo de mim
Aquece meu coração
Minha respiração suspira por uma parcela

Eu tento afastar seu fogo
Mas o sol nasce, o sol se põe
A vida está aberta ao abano e ao fogo
O sol se põe, o sol nasce
A vida está nua à tristeza e doçura
O sol em seus raios de maneiras chicoteia todas as sobrancelhas
Soquetes ensolarados estão no teto de todas as cabeças
Por sua temporada, a fuga é da mina de ouro

Que escudo pode suportar a bainha do sol?
Que oceano pode embainhar a espada do sol?
Por mais tempo você olha para o sol
Os olhos afluem
Piscando para a cegueira

Por sua temporada
Atado com mesquinharia azeda e doçura crescente
Dispara dardos a pele como uma cobra com sete cabeças
Cada um cutuca infiltrando os poros no sexto
Inferno em um poste para o sétimo céu

Glória da Víscera

O que você administra ao coração
Ministra à alma
A alma compõe o espírito
O espírito conforma-se com a sua graça
A graça lhe confere
A glória da víscera
Para tirar bom proveito

Levante Âncora

Depois de uma jornada tortuosa
Tenha em mente
Com resiliência, que seu
Ponto de descarga
Seria um colo de luxo
Zarpar como um navio
Limite para a profundidade do oceano
As marés atrairiam você
Para uma ilha do tesouro
E as ondas
Irão acenar de volta para a praia
Quando você não tiver certeza do desembarque

Trauma Maçante

Pois Deus estar comigo neste assento
Consternações se apegam à sua roupa, seu destino de engano
Não lance seus sorrisos lascivos sobre meus lábios
Suas estrelas e acende uma briga nas minhas pistas
Acenando minhas lágrimas e minha angústia à luz
Me levando ao rei do coração
Em um trono precioso vasto com meus amados
Seu nome é depressão cantada
Como eu deveria saudá-lo, o Todo-Poderoso supressor
Não serei enganada
Eu sei que suas características são cortadas em engano
Um poço disfarçado fez uma cama de derrota
No outono, o corpo se despedaça
Sabendo que sucumbiu a uma escória como você
Seu miserável solo eu encontrei meus pés
Eu tomo o controle da minha mente e corpo
Para o guardião da minha alma
Agrada-lhe saber que eu subo
Meu caminho para o seu amplo peito
Com crista pelos meus amados à sua direita

A Ira Não É

Quando você jura sua ira
Atingindo o teto, a vingança é essencial
Por emoções você ilude seu valor
Pois vai queimar você à apodrecer
Não te sustenta nada
Enquanto seu coração se torna alimento para o ódio
A besta negra que consome sua alma
Cavando um parque memorial raso
Flechas de pílulas amargas
São injetadas em suas veias
Somente seu coração ejeta apenas raiva
Sufocar aqueles túmulos lindos
Sua tempestade é apenas o choro de um filhote de cachorro
Quando não é acalmado
Afunda, sobe e quebra em contusões
Transformando você em um lobo desnecessário
Mantenha a calma; o que der errado
Não suja seu ego
Se você oferecer amor, paz
Do que professar sua ira
Levando apenas a machucar
Sua mente murcha ao eixo
Apodrecendo à sua dor
Para a ira, seu orgasmo agradável é encenado

Minha Poesia

Como eu respiro sem você é algo mítico
Como eu vivi sem você é um mistério
Potentes são suas brincadeiras nas minhas costelas
Magicamente seus espirais de feitiçaria
Abaixo os túmulos do meu retardo mental
Sua presença me cura do meu silêncio
Você me choca profundamente em meus grilhões dormentes
Não vinculado eu cuei com seus delicados discursos
Amarre-me ao seu pulso amável
Me toque na sua cintura atrevida
Com você meu espírito de rabiscos desperta
Na sua calda minha caneta corre quando é empurrada
E sua tinta gira como um crocodilo sombrio em sua presa
Um leão em seu desespero é ilimitado
Ousa alimentar-se da boca do jacaré

Minha musa está aninhada na cova dos leões
Na minha covardia impetuosa jantarei dentro
Pois devo ter minha musa de volta ao vinho em mim
Em estágios e páginas
O poeta é a vida e a alma da festa
Usando o tom LI-FI de um bardo automatizado
A palavra do poeta é a vida de Riley
Suas linhas são a vida afirmando
Algumas letras são escritas na cabeça
E nunca faladas com a boca

Peça Inestimável

A poesia é uma peça de valor inestimável
Agradavelmente poderoso
Fluido de caligrafia apaixonada
É fascinante e pacífico
Uma pílula prescritiva
Para cada galã
É agradável para emoções
A poesia é tão nutritiva
Sempre e por mais que seja despejada
Sucos para aplacar toda alma
A poesia é um pêndulo
Perversa e pessimista

Tentativas por Fogo

No meu momento de provações
Você ficou longe de mim como se eu tivesse pulado de lepra
Quando é hora saborosa, faça bem em ficar
Mais longe, como faria com a saliva de uma cobra
Se você se aproximar, eu farei você sentir
Que quando um recém-nascido desdentado
Bebendo com força nos mamilos da mãe
Envia ondas de choque aos nervos
Conectando as sobrancelhas aos bigodes
Enquanto o espectador inexperiente se pergunta como isso é
possível
Em tempos difíceis, estranhos podem ser mais
Sangue do que água
Inimigos podem ser os melhores amigos
Nos tempos difíceis, muitas maravilhas o atingem
Feitiço amarrado e desorientado
Tempos saborosos podem ser insípidos
Na língua dos doentes

Por favor, não sinalize meu triciclo
Se você estiver preso na estrada
É melhor você ignorar meus faróis
Se você insistir, olhe para os assentos
Você pode ver que eles estão ocupados
Por deficientes e desestabilizados
Talvez se fosse de quatro rodas
Eles poderia haver algum espaço para você se encaixar
Poderia ter sido possível
Mas você esvaziou o quarto pneu
Você me privou de quatro rodas
Quando você estava na posição certa

No meu próximo turno, por chance, você ainda está aqui
Eu vou ter em mente reserve um quarto de espaço
Não me chame de má; é apenas assim que deve ser
Em tempos difíceis e saborosos, muitas superfícies de horríveis
Nos tempos difíceis, implorei que você ficasse comigo
Em tempos saborosos, eu desafio você a seguir em frente sem mim

Novembro Lembro

Novembro lembro
Quando o tempo está atordoado
Ele é fértil com uma flor preciosa
Novembro lembro
Quando o sol se esfria
E a brisa se torna atraente
Um amante está tocando blues com a flauta
A lua escuta com coração seduzido
Novembro lembro
O que você vai suportar
É uma fruta poderosa e controversa
Franziu o cenho, cuspiu, embora apreciado
Novembro lembro
O nascimento é seguido por estrelas de sabedoria
E os sábios se alegrarão com o conhecimento
Novembro lembro
Para aquilo que você deu à luz
Devo me ajoelhar e adorar
Novembro lembro
Que levarei meu ouro precioso aos seus pés
Coloque o mais fresco de incenso para preencher
O ar com fervores aromáticos
E miríade de mirra florescerá no ar
Novembro lembro
Você é um grande precursor que abanou brasas
Fazendo sua luz brilhar para sempre
Novembro lembro
Eu reverenciei em sua presença
Como o mais puro de todos para conceber e nascer esta brasa
Novembro lembro
Você é a fumaça que escapa do fogo

Novembro lembro
Você é o arrumador da brasa
Novembro lembro
Você é sempre uma carruagem de dezembro
Novembro, lembre-se de dezembro
Margarida definida com delicadeza

Rio Crente

Eu sempre flui com o rio
Para nunca mais se apaixonar por seu criador
Escorregando febre no seu rio, eu creio
Sua segurança impecável na margem do rio proporcionará
Sua onda de meditação garante ao seu localizador
A umidade do rio hidrata minha alma, meu coração fica mais brilhante
Rio, você corre no meu mundo, você é um doador comprometido
Com salpicos de pureza, sua graça nunca hesita
Minha crença clama, rio, eu não sou seu abandonador
Rio, rio, como estou apaixonado pelo seu lustre
Graciosamente seu rio brasou meu fígado
Intrincadamente, um tecelão fiel amarra meus votos
Juro solenemente que não sou a oscilação de seu rio
Eu acordo no rio, meu fígado nunca estremece
Os Salmos das aves canoras do rio
O trabalho do rio, meu sinal sonoro de coragem
Rio que escorre suculentamente como minha sublime âncora
No rio, meu coração se alegra com um martelo
No rio, meus medos vencem com calafrios
Rio, rio, minha alegria flui livre no rio da Babilônia
A justiça do rio ressuscita a fé e não a sua passagem
Minha boca prova os sabores desse rio irresistível

CONSERTANDO CAMINHO E ALMA

Elasticidade da Vida

No reino da morte
Eu vejo as bordas sem alma da vida
A primavera afrouxou
A elasticidade da vida é frágil
O frio do necrotério é minha desgraça
Eu gostaria de ir para casa aquecido
Dormindo no meu pano de corpo
Gritos comoventes perseguiram minha voz
As costuras adormecidas assombraram meus olhos
Mostre-me a cama de rosas para descansar um pouco
Meu criador deve ter rosas maiores
Para eu deitar e descansar eternamente

A Chamada do Sublime

Essas catástrofes têm nomes bonitos
Com sorrisos sublimes
Rostos serenos
Pés sedutores
Afundando nos dedos contorcidos
E unhas polidas

Carregando ondas de passos tempestuosos
Latidos de ritmo tempestuoso
Curvando o amor de Matthew e Harvey
Na estação misteriosa de seu amor
As consequências de seu prazer os deixaram
O mundo em desordem orgásmica

Furacão Maria, você deixou de ser ameno
E tornou-se um reino impetuoso de terror
Uma tempestade telefônica de caos
Furacão Irma, seus pés de ciúme são surpreendentes
Jose é apenas um impulsivo disjuntor de lares

No vento dos seus prazeres
Você desmoronou paredes de alegria
Lily Lee, você se foi, com seu joelho torto
Mas seus cílios têm feridas brutais impressas
Feridas profundas, tão azeda, sua profundidade de dívida é intensa

O furacão bate forte
Todos as chibatadas estão enterradas em lapsos
Memórias enterradas em cinzas
Seu pó destruiu nossa vida e existência
Seu destino é um prolongador da nossa fé

Seu rosto é uma fase de horror

Vida

A grandeza vem em trilhos diferentes
A riqueza é servida em diferentes bandejas
A jornada da vida é transmitida em diferentes trens
Alcançamos destinos através de vários terrenos
Alguns chegam em sofás semelhantes
Lições da vida nos levam a muitos ramos

Porta Canetas

Meu umbigo é meu porta canetas
Minhas palavras nascem do útero
Minha musa corta o cordão umbilical
A tinta da minha caneta é um fluido de mostarda
Que nascerá por eras e sábios
Os poemas líricos do meu reino
Quanto mais velha minha caneta
Mais emocionante são minhas letras

Páscoa Silenciosa

Ele disse que sua vida terminaria em três anos
Infelizmente
Eu nunca entendi
Levaria apenas três dias
Três é um par
Os anos são ímpares

E eu, burra,
Me enforquei em lágrimas
Quando as notícias chegaram hoje
Fiquei espantada com o choque
Fico magoada com arrependimentos
Da sua silenciosa Páscoa

Ele escolheu um tempo para sua morte, parece
Ele escolheu se divertir com os vizinhos
Mal sabia eu que ele estava segurando sua noite de luto?
Uma cerimônia de angústia para definhar com o tempo
Como isso escapou a alguém que ele não desejava
O fim de suas costelas perdidas após sua morte

Você deveria ter demorado um pouco mais
Tudo que eu queria era mergulhar seu cadáver no céu
Brisar suas narinas para a atmosfera do ar
Eu queria que seu caixão sentasse nas nuvens por estações
Para estar seco de carmesins
E socado com firmamentos esbranquiçados
Eu não queria que sua passagem fosse da terra
Adeus, anjo sorridente
Eu vejo o riso em seus olhos silenciosos
Que você alcançou os refúgios de seus hinos

Relógio Impaciente

Quando sua hora estava chegando
O homem murcho falou em seu dialeto
Quando o tempo se apressou com uma bengala
O homem murcho saltou com seu clã
O chicote colidiu com o clã
Quando chegou a hora
O homem murcho comeu palavras da língua materna
Quando chegou a hora de acompanhar sua barriga
O homem murcho rastejou em alimentos espetados
Enquanto o tempo veio queimando
O homem murcho dançava como uma árvore vacilante
Quando o ceifador bateu como um vizinho
O coração do homem murcho acelerou
Como as ondas pesadas do oceano

Quando a hora estava por um triz
O homem murcho cavou sua cama
Sobre a aspereza da terra

Quando o tempo passa cabos de transporte no solo
O homem murcho capina e planta seu colete
O homem murcho chora a poucos passos de distância
O homem murcho amortece sua queda em espinhos
Quando o tempo zumbe tocando hinos
O homem murcho assobia como um pássaro perdido
Suas asas são fracas para se contorcer ou voar
Sua mente, fraca para tragar o ar irregular

Quando o ceifador é velho e sábio
Nós vencemos potes de tripé
Use jardas de triplos incêndios brancos

Quando o ceifador é jovem e nobre
Nós lançamos em preto
Nós obscurecemos nossas emoções
É o grito da coruja?
Isso faz com que seja um presságio
Um profeta do dia do juízo final?
É sua monstruosidade que a torna calamitosa?
Seu corpo fez os homens cuspirem saliva que irrita sua natureza?
Entre criaturas fenomenais
O que torna o ceifador tão repulsivo?
É quando faz o amor chorar
Enquanto você se deita para descansar
Murcho homem, enquanto o ceifador fez uma ligação
Conheça o seu clã sitiado ao seu cofre

Quebrar a Contenda

Quebrar um joelho
Eu continuarei andando
Meu ritmo se tornou um vapor
Meus passos se tornaram selvagens
Vou carimbar qualquer coisa
Vou combinar em aço
Meu coração foi ferido
Para andar em colinas
E estampar nas rochas
Meus pés não sentem dor

Quebrar um dente
Vou falar em ondas
Meu tom tornou-se sem fala
Minha voz sinistra
Vou cantar indignada
Vou lamentar com fúria
Minha língua está encharcada de vinagre
Para falar de sermões
E pregar nos púlpitos
Meus vocais não temem almas
Minha voz será vulgar
Para um nível desagradável

Quebrar uma cara
Levarei uma foto
Minha imagem ficou imóvel
Meu espelho é um reflexo perfeito
Vou telegrafar qualquer imagem parada
Minha visão foi circuncidada
Para ver qualquer desagrado

E reminiscência no vintage
Meus olhos estão ganhando luta por luta

Coração Sem Sangue

Eu encontrei seu coração fora do seu corpo
Dizendo não à fraqueza da sua alma
Com uma mancha sem sangue
Eu vejo as dores em seus olhos
Eu amaldiçoo a felicidade por trás disso
Deixe os sorrisos fazendo sua dor
Seja congelado às pressas

O coração carrega o fardo
De todo clã
Não tem família
É um bardo comunitário
Que sussurra sem conflitos de tom
Um amor incondicional
Que traz paz ao mundo

Genes

Meus genes são fortes
Nus e banhados em uma corrente de vapor
Minha linhagem é uma haste de baobá
Eles balançam em vigor
Eles não são inconstantes
Eles evitam a foice
Minha mente é ferozmente feroz
Ele brinca em enchimentos finos
Eu nunca desmaiei de rastejar
Fui desmamado para andar nas marés

Eu andei quando mal estava na hora
Holey, estou enjaulado
Nesta divisão de divisores
Respingando minha posição
Meus talos eles armazenam
A façanha eles começam
De enfraquecer minha fundação
Mas eu sou uma árvore de caules
Meus genes são fortes
Eu balanço
Saudável e forte

Recortado

Estaca de recorte em forros
O mundo perambula
Estaca quadrada em um buraco redondo
Os arco-íris são feitos
Primários e secundários
A terra não pode caber na lua
As estrelas não podem sentar-se na terra
Assim como o criador fez a cobra e o lagarto
Rastejar em um mundo de beleza
As rosas e espinhos são brilhantes e maravilhosos

Miragem de Mandrágora

Estou crescendo
Tão difícil uma concha de tartaruga
O orgulho em mim nunca descansa
Em perfeita paz
Meu pavão disparou positivismo
O dia em que suas penas são arrancadas
Naquele dia minha dignidade é vendida
Não é arrogância
É o charme que
Forma barricadas em meu coração contra as mágoas
Das atrocidades do mal importuno

O sorriso entristece a tristeza
O riso atrai a luz do laço da vida
Piadas fazem malabarismos de alegria
A esperança brilha em meio a turbulências
A crença em si mesmo supera os tambores das críticas
Os olhos atiram tanto quanto a visão aperta os olhos
A língua pode provar o pudim
Como uma forma de romantizar
Com o aroma fumegante

O pulso de um batimento cardíaco pode ser sentido
Com uma palma colocada no peito
Um médico e o termômetro são
Uma formalidade profissional
Sombrio acena o brilho
A escuridão morre covardemente à luz do dia
Catástrofe gera calamidade
Pétalas de paz, peles formigando
Mente leve estraga ameaças

Passos de paz em partes

Precaução reduz maldições
Os gritos dificultam a caça
E o caçador se torna
O predador de presas vigiado
Você me deixaria claro e flexível
Fraco e tolo
A mansidão nunca me ofereceu leite
Não pretenda ser suave agora
Estou pulando em uma enseada dura
Não posso sucumbir à fraqueza

O Futuro é Agora

O futuro chama
Que eu seja
Penso, logo existo

Eu sou ilimitado para o céu
Eu nasci para voar
Meus sonhos estão no alto

O futuro acena
Seu ninho gracioso foi
Um guardião digno

Do paraíso da natureza
Isso alimentou meu princípio
Que algum dia

Vou bater minhas
Asas coloridas
E aportar para voar

Mantenha a fé
Meus sonhos não azedam
Pois se minhas asas estão fraturadas

Meus joelhos podem encontrar
O chão a uma altura humilde
E derrubar meus sonhos

O futuro é agora
Seus conselhos são meus sonhos basculantes
Eles tornam minhas esperanças mais rígidas

Todos meus sonhos permanecem
Quando meus calcanhares atingirem solos sólidos
Correndo em vastas planícies

Perambulando com alegria para
Pegar voos intermináveis
Para alcançar as estrelas

Seca em Midland

A seca inundou meus olhos
O alívio obscureceu minha mente
Eu sinto a pressão
Dos portões da névoa
Seu vapor avassalador
Evacuou minha paz
Minha paz parou de fluir
Deste horror em uma escuridão horrenda
Reunimos vagalumes em nossas palmas
Para iluminar nosso caminho para a obstinação
Das garras que ressoam nos salmos de canto fúnebre

Onde os Anjos Jantam

Onde os anjos jantam
Lá eu encontro uma asa
Na morada dos pássaros
Lá eu armo minha barraca
Para emprestar uma folha
Que cai da casa da árvore
Enquanto a melodia de suas flautas
Hipnotiza as flores floridas
Essa cascata sobre minhas asas
Onde a comunhão dos arco-íris
Pinta a cor do meu descanso
Que minha paz venha depois
Da melancolia da minha inquietação

Paixão

Essa noite
O sono me escapa enquanto eu penso
Que você provavelmente pode ser um anjo
Venha ficar comigo por um tempo na terra
Para me guiar e me proteger
Para cuidar e curvar meus sonhos
Para uma visão das realidades
O relógio diz pressa
Seu anjo pode não demorar
Mais tempo que o tempo determinado
Mas há um problema

Querido anjo,
Eu me apaixonei profundamente por você
Eu quebrei as regras do céu
Eu contaminei a ordenação da mortalidade
E me apaixonei profundamente pela imortalidade
Carinho tão celestial para o meu mundo
De confecções e confissões pecaminosas

Seu amor é imensurável
Eu estive nos confins do mundo
Em busca de um rolo de fita para medir
A largura e altura do seu amor
Mas nada encontrei na minha longa espera
Seu amor é imenso
Você me imuniza com devoção
Minha paixão se tornou sua paixão

Eu gostaria de poder renascer meu nascimento
Um nascimento expulso de membros e corças

Mas com asas e coroas

Querido anjo,
Eu peguei suas asas para voar
Eu envolvi sua pena
Amor em torno da minha solidão

CONSERTANDO CAMINHO E ALMA